pate pate（パータパテ）

嶋崎聖子　嶋崎裕巳

さっくり軽いキッシュ

生クリーム＆バター控えめ、素材のうまみたっぷり！

わが家の定番、軽やかキッシュ。

おいしくて栄養もしっかりあるのに、もたれない。

朝ごはんやランチはもちろん、

おやつに夜食におつまみに、どんなシーンにも似合う秘密は、

生地も具も、とっても軽〜いキッシュだから。

思わずもうひとつ食べたくなる、そんなやさしい味わいです。

"quiche"

はじめに

はじめまして。

私たちは、キッシュ大好きな母娘ユニット「パータパテ」です。

フランスで初めて食べたキッシュに感動したのは、14年前のことでした。

そのとき作ってくれた男性は、

キッシュはフランスの家庭料理で、各家庭にそれぞれの味があると教えてくれたのです。

以来、すっかりキッシュのとりこになった私たちは

カフェやデリで、いろいろなキッシュを食べるようになりました。

すると、どれもおいしいのですが、こってりしすぎて

日本人の口には少し重たいのでは……という点が気になりました。

ならば、日本人が好む、軽やかな食感と味わいのキッシュが作れないか。

日本のおふくろの味のようなキッシュを作りたい!

それからです。軽やかキッシュの研究を始めたのは。

さくさくの生地、あっさりしたアパレーユ、

食べごたえはあっても胃にもたれない、野菜をふんだんに加えた具。

繊細な味覚に届く、奥行きのある風味と味わい。

……あれこれ試行錯誤を重ねて生まれたのが、この本のキッシュたちです。

小さい子どもからお年寄りまで、みんなが楽しめるレシピが載っています。

pate pate (パータパテ)

嶋崎聖子　嶋崎裕巳

CHAPTER 1

定番のキッシュ
———————————— 9

CHAPTER 2

野菜たっぷりのキッシュ
———————————— 25

contents

CHAPTER 3

肉＆魚のキッシュ ———— 51

CHAPTER 4

おつまみ＆
スイーツキッシュ ———— 69

さくっと軽やかに作る3つのポイント

1 生地はバターを控えて、炭酸水やアーモンドプードルでさっくりと！

キッシュの土台となる生地、パートの材料は粉とバター、水が基本ですが、水の一部を炭酸水にしました。シュワシュワのもとである二酸化炭素のおかげなのか、真水だけでは得られないさくさくとした生地になります。また少量のアーモンドプードルを加え、バター控えめでも香ばしさとコクがきちんと出るようにしました（詳しくは p.24 参照）。

2 アパレーユは生クリームを控えて、ヨーグルトやサワークリームであっさりと！

卵と生クリーム、牛乳で作るのがアパレーユ（卵液）ですが、その3つだけだと、どうしてもどっしりと重たく感じられます。そこで、それらを少し控える代わりに、ヨーグルトやサワークリームを加えました。すると、乳製品のコクは残しつつ、不要な脂肪分を減らしてさっぱりとした風味が感じられるアパレーユになったのです（詳しくは p.24 参照）。

3 具の素材に含まれる水分はできるだけ飛ばして、軽やかに！

具に野菜をたっぷりと使っているので、食べごたえはあるのに胃もたれしません。ただし野菜は水分がとても多いため、焼き上がる間にその水分が染み出てきて、くたっとしたキッシュになりがちです。そこで、中に入れる野菜はゆでてから炒めたりパテにしたりと、しっかりと水分を飛ばして、さくさく感を損なわないよう工夫しています。

コクを出してよりおいしく作る3つのコツ

1 あめ色玉ねぎでコクと甘みを出す

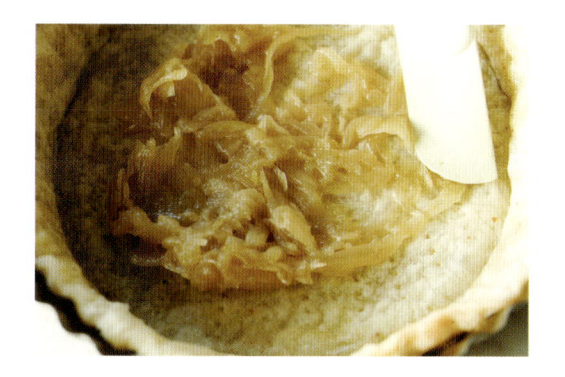

あめ色玉ねぎは必須といってよいほど、本書で紹介するほとんどのキッシュで使っています。水分を飛ばし、あめ色になるまでじっくりと炒めた玉ねぎが持つ、野菜とは思えないほどのコクと甘み。あめ色玉ねぎを生地に敷き詰めれば、具が野菜だけでもしっかりとしたうまみを感じられ、肉や魚を入れる場合は特有の臭みも消してくれます。

2 チーズは複数使って、味に奥行きを出す

どのキッシュも、手に入りやすい2〜4種類のチーズを組み合わせて使っています。個性あるチーズを複数使いすると、相乗効果でキッシュの味わいに深みが出るからです。一般的にピザ用チーズとして加工、市販されているものは脂肪分が多いため、あまりおすすめできません。チーズの種類や使い分けについては、p.50を参考にしてください。

3 アパレーユと具を一体化させる

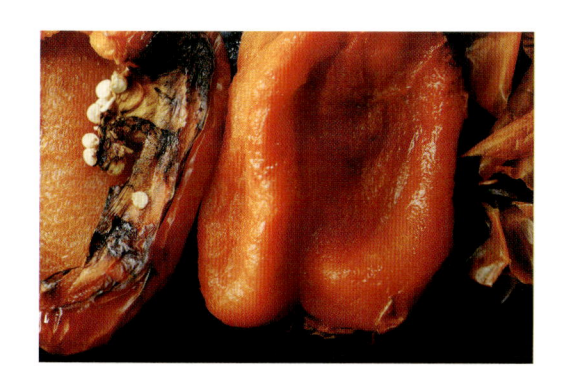

キッシュの魅力は、口の中で、生地と卵液と具のうまみが三位一体となってふんわり広がるところ。食べたときに具だけがぼろっと分離するようでは、そのうまみが十分に堪能できません。中に入れる具は、野菜なら卵液と分離しやすい皮を除いたり、肉や魚なら余計な油分を出さないようにします。卵と具を一体化させるのがポイントです。

本書の使い方

○ 1カップ＝200㎖、大さじ1＝15㎖、小さじ1＝5㎖で計量しています。

○ オーブンの温度と焼き時間は目安です。機種によって差があるので、様子を見ながら焼いてください。焼き上がりの目安は、中心部を押して弾力が出ている状態です。焼き上がったあとは型から外し、網にのせて粗熱を取りましょう。冷ましたほうがきれいに切り分けることができます。

○ 電子レンジの加熱時間は500Wを基準としています。

○ 粗糖は、きび糖など精製度の低いものを使用しています。

○ 本書のキッシュには複数のチーズを使っています。たくさんそろえるのが難しい場合は、どれか1種類でもかまいません。パルミジャーノ・レッジャーノは固形タイプを粉末におろして使うのがおすすめですが、ない場合は、市販のパルメザンチーズで代用してもかまいません。

○ アパレーユの量は、具の量やパートの縮み具合に応じて調整してください。

本書で使う型について

本書では、直径18㎝×高さ4.5㎝の丸型を基本として使用します。このほかに、浅い丸型と長方形型を使います。材質は問いませんが、それぞれ底の取れるタイプがおすすめです。焼き時間は各レシピを参照してください。

直径18㎝×高さ4.5㎝の　　直径18㎝×高さ2.5㎝の　　長径24.5㎝×短径10㎝×高さ2.5㎝
深い丸型　　　　　　　　浅い丸型　　　　　　　　の長方形型

キッシュの保存とおいしい焼き直し方

キッシュの保存について

焼きたてがおいしいので、なるべく早く食べきりましょう。冷蔵庫で保存するなら夏は2日、冬は3日が目安です。食べきれない場合は、1切れずつ空気が入らないようにラップで包んで冷凍保存し、2〜3週間以内に食べましょう。

キッシュの焼き直しについて

○ 冷蔵保存したキッシュは、アルミホイルで表面が二重にならないように包み、オーブントースターまたは190℃に予熱したオーブンで10分ほど焼き直してください。竹串をキッシュの中心に5秒ほど刺し、手の甲に当てて熱いと感じれば食べごろです。

○ 冷凍保存したキッシュは、ラップを外してアルミホイルで同様に包み、オーブントースターまたは190℃に予熱したオーブンで25分ほど、様子を見ながら焼き直してください。

　＊上記の方法で焼き直したものがもっとも焼きたてに近い風味になりますが、時間を短縮したい場合は、ラップを外し、凍ったまま電子レンジで1切れ当たり20〜30秒温めます。そのあとアルミホイルで同様に包み、15〜20分焼き直してください。
　＊自然解凍はパートのさくさく感が損なわれ、具材が水っぽくなるので厳禁です。

CHAPTER 1

定番のキッシュ

キッシュによく合うおなじみの食材、チーズ、ベーコン、ほうれんそう、きのこ、じゃがいもを使った定番のキッシュを紹介します。アパレーユ（卵液）との相性も抜群で、安定感のあるおいしさ。きのこは、パテ状にしてキッシュに詰める、パータパテオリジナルの方法で仕上げます。さくさく生地に合わせた、水分の多い食材を上手に使う工夫が満載です。

quiche lorraine

キッシュロレーヌ

キッシュといえば、真っ先に名前があがるのが、キッシュロレーヌ。
フランス北東部のアルザス・ロレーヌ地方の郷土料理で、
パイ生地の中に、シンプルにベーコンとチーズ、アパレーユ（卵液）を入れて
焼き上げる定番のキッシュです。本レシピの作り方を追いながら、
キッシュを作るさいの基本の流れと、おいしく作るコツを紹介します。

STEP 1　基本のパートを作る

＊パートとは

キッシュの土台となるパイ生地のことです。
本書では、薄力粉と強力粉、アーモンドプードル、炭酸水を混ぜ、
さくさくと香ばしい生地にしています。
ポイントは、生地を練りすぎないようにすること。
型は直径18㎝×高さ4.5㎝の深型を使用します（p.8参照）。

※プロセス13の状態で冷凍保存もできます。1〜2週間のうちに使いましょう。
　空焼きするさいは、解凍せず凍ったままオーブンシートと重石をのせて焼きます。

材料（直径18㎝×高さ4.5㎝の型1台分）

食塩不使用バター（8㎜角のさいの目に切り、冷蔵庫で冷やしておく）
　　　　　 —— 40g

A
- 薄力粉 —— 60g
- 強力粉 —— 50g
- アーモンドプードル（皮つき）—— 大さじ1
- 甘酒 —— 小さじ1
- 粗糖 —— 小さじ1
- 粗塩 —— 小さじ1/4

B
- 水 —— 50㎖
- 炭酸水 —— 10㎖

作り方

1　ボウルにAを入れ、冷やしておいたバターを加える。粉類はふるわなくてよい。

2　バターを手ですばやくつぶし、粉をまぶしながらそぼろ状にする。バターが溶け出さないように注意する。

3　合わせたBの半量を2に入れて、生地を練らないように気をつけながら、生地をボウルに押しつけるようにして混ぜる。

4

生地のかたさを見ながら残りのBを少しずつ加えて調整する。生地がやわらかくなりすぎず、手にくっつかない程度が目安。

5

写真のようにひとまとまりになればOK。多少バターの粒が残っていてもかまわないので、混ぜすぎないようにする。

6

ラップで包み、2時間からひと晩冷蔵庫で寝かせて、生地を休ませる。最低でも2〜3時間は休ませること。

7

台に打ち粉（強力粉適量・分量外）をふり、**6**の生地をめん棒でのばす。生地がだれないよう、室温20℃以下の場所で行う。

8

厚みが均等になるよう少しずつのばす。2〜3mmの厚さが目安。型よりひとまわり大きくなるまで広げる。

9

生地をめん棒に軽く巻いて持ち上げ、型にのせる。

10

生地を型の底と側面に密着させるように敷き込む。型の隅まで生地が入るように、側面は手で念入りに押さえる。

11

めん棒を型の上から何度か転がし、はみ出した生地を分離させる。

12

余分な生地を外す。余ったパートの活用レシピはp.68を参照。

13

焼いたときに浮かないように、生地の底面をフォークで刺して空気穴をあける。ラップをかけて、冷凍庫で1時間休ませる。

14

空焼きする。生地にオーブンシートを敷き、重石をのせて、180℃に予熱したオーブンで10分焼く。重石を取り、さらに4分焼く。

15

パートの焼き上がり。多少生地が伸び縮みするが問題ない。

STEP 2　アパレーユを作る

＊アパレーユとは

アパレーユとは、フランス語で「たね」のこと。
卵と乳製品を混ぜた卵液で、卵料理であるキッシュの基本になります。
生クリームと牛乳で作るのが定番ですが、
ここにヨーグルト、サワークリームを加えることで、
あっさりとした軽いアパレーユになります。

※作りやすい分量（キッシュ2台分）です。余ったら保存もできます（下記参照）。

材料（作りやすい分量・およそキッシュ2台分）

卵（Mサイズ）—— 4個
生クリーム（乳脂肪分47%）—— 160㎖
牛乳 —— 30㎖
プレーンヨーグルト —— 大さじ1と½
サワークリーム —— 大さじ1と½
粗糖 —— 大さじ⅔
粗塩 —— 小さじ½
ナツメグ、黒こしょう —— 各少々

作り方

1

ボウルにヨーグルトとサワークリーム、粗糖、粗塩を入れて、泡立て器で混ぜる。

2

全体がなじんだら、生クリームと牛乳を加えてなめらかになるまで混ぜる。

3

別のボウルに卵を割り入れ、血などがないか確認してから、**2**に加えてよく混ぜる。

4

最後にナツメグ、こしょうを加えて、全体によくなじませる。

保存について

一度にキッシュ2台分できるので、残った半量はファスナー付き密閉袋に入れておくとよい。冷蔵で3日ほど、冷凍で3週間ほどもつ。

STEP3　あめ色玉ねぎを作る

＊あめ色玉ねぎとは

玉ねぎをじっくり炒めて甘みを引き出したもの。
キッシュにコクとうまみをプラスしてくれる
本書のレシピに欠かせない存在です。
電子レンジでやわらかくしてから炒めるので、炒め時間も短くてOK。
面倒な場合は市販の炒め玉ねぎで代用してもかまいません。

※まとめて作るほうが効率がよく、保存もできます（下記参照）。

材料（でき上がりおよそ220g、キッシュ8〜10台分）

玉ねぎ ―― 大3個

食塩不使用バター ―― 15g

粗塩 ―― 少々

作り方

1

玉ねぎは縦半分に切り、さらに2mm厚さの薄切りにする。

2

耐熱容器に1とバターを入れ、ラップをふんわりとかけて電子レンジに約15分かける。

3

レンジにかけた玉ねぎの状態。全体にくたっとすればOK。熱気があるので、注意してラップを外す。

4

フッ素樹脂加工のフライパンに3を入れ、焦がさないように弱火でゆっくり炒める。10〜15分が目安。

5

途中で塩を加え、写真のようなあめ色になったら火を止め、冷ます。

保存について

余った分はファスナー付き密閉袋に入れて薄く平らにして冷凍すると、必要な分だけ手で折って使えて便利。冷蔵で4〜5日、冷凍で1か月もつ。

STEP 4 具材を合わせて焼く

パートやアパレーユなどの下準備が整ったら、具材（フィリング）を詰めて焼くだけ。
おいしいキッシュを焼くには、ここからはスピード勝負です。
具材を詰めたあとはすぐに焼いて、生地が湿らないようにしましょう。

材料（直径18cm×高さ4.5cmの型1台分）

基本のパート（p.11〜12参照）—— 1台
アパレーユ（p.13参照）—— 230〜250mℓ
あめ色玉ねぎ（p.14参照）—— 大さじ6
ベーコン —— 50g
グリュイエールチーズ（5mm角に切る）—— 40g
クリームチーズ（5mm角にちぎる）—— 20g
パルミジャーノ・レッジャーノ（粉）—— 小さじ1

作り方

1

空焼きしたパートの底に、あめ色玉ねぎを敷き詰める。キッシュロレーヌではたっぷり使うが、他のレシピでは少量でOK。

2

3mm幅に切ったベーコンとグリュイエールチーズ、クリームチーズを全体に均等にのせる。

3

アパレーユを静かに流し入れる。

4

アパレーユはパートの縁から5mmくらい下まで注ぐ。パートの焼き縮みがある場合は、あふれないように注意する。

5

アパレーユの上からパルミジャーノをふりかける。固形タイプを粉末にしたものがおすすめだが、粉末タイプでもOK。

6

180℃に予熱したオーブンで25〜30分焼く。全体にこんがりと焼き色がつき、中心を押して弾力があれば焼き上がり。

本書で使うそのほかのパート

直径18cmの浅型パート（p.8参照）
基本のパートと同じ直径で、高さが2.5cmの浅型タイプ。具材の量が少ないほうがバランスがよいもの、よりさっくり感を出したいもの、甘みの強いスイーツキッシュなどにおすすめ。分量はp.17に記載。

長方形の浅型パート（p.8参照）
長径24.5cm×短径10cm×高さ2.5cmの長方形の浅型タイプ。細長く切ってフィンガーフードのように出せるので、本書ではおつまみキッシュに使用。もちろん、他のレシピの具材を減らして作っても。分量はp.72に記載。

quatre
fromages

４種のチーズ

さまざまな個性のチーズを絶妙に組み合わせて焼き上げます。
他の具は入れずに、卵とチーズのまろやかさを堪能できる究極のキッシュ。
チーズがクツクツと熱いうちにパクッといってください！

材料（直径18cm×高さ2.5cmの型 1台分）
直径18cmの浅型パート
- 食塩不使用バター ── 14g
- 薄力粉25g、強力粉20g、アーモンドプードル（皮つき）大さじ$1/3$、甘酒小さじ$1/4$、粗糖小さじ$1/3$、粗塩少々
- 水 ── 20mℓ
- 炭酸水 ── 5mℓ

アパレーユ（p.13参照）── 150mℓ前後
ゴーダチーズ（5mm角に切る）── 20g
チェダーチーズ、ブルーチーズ（どちらも5mm角に切る）── 各10g
パルミジャーノ・レッジャーノ（粉）── 小さじ1

作り方

1 パートはp.11〜12の要領で作り、空焼きする（a）。
  パルミジャーノ以外のチーズを均等に散らす（b）。

2 アパレーユを流し入れ、パルミジャーノをふりかける。

3 180℃に予熱したオーブンで18〜20分焼く。
  全体にこんがりと焼き色がつき、中心を押して弾力があれば焼き上がり。

入れるのはアパレーユとチーズだけなので、パートは浅型で。
厚みがない分、チーズがさっぱりと楽しめる。

色も香りも味わいも、それぞれに違うチーズを均等に散らせ
ば、口にしたときに芳醇で複雑な味わいが広がる。

purée d'épinards

ほうれんそうペースト

キッシュの定番具材のほうれんそうは、ただ炒めるだけでなく、
より軽い食感が味わえるペースト状にするのがポイントです。
量がたっぷりとれて栄養満点、野菜本来のうまみが味わえるのも魅力です。

材料（直径18cm×高さ4.5cmの型 1台分）

基本のパート (p.11〜12参照) ────── 1台。空焼きしておく
アパレーユ (p.13参照) ────── 220〜250ml
ほうれんそう ────── 2束 (200g)
アーモンドスライス ────── 大さじ1
あめ色玉ねぎ (p.14参照) ────── 大さじ2
クリームチーズ (5mm角にちぎる) ────── 20g
モッツァレラチーズ (5mm角に切る) ────── 15g
パルミジャーノ・レッジャーノ (粉) ────── 小さじ1
オリーブオイル ────── 大さじ5〜6
塩、こしょう ────── 各少々

作り方

1　ほうれんそうは軽くゆで、水けを手でよくしぼって (a)、3cm長さに切る。

2　1の水けをさらによくしぼり、ミキサーに入れる。
　　様子を見ながらオリーブオイルを少しずつ加えて攪拌し、粗いペースト状にする (b)。

3　2をフライパンに入れて火にかけ、余分な水分を飛ばし、塩、こしょうをふる (c)。

4　空焼きしたパートに、あめ色玉ねぎ、3を順に敷き詰める。

5　クリームチーズとモッツァレラチーズをのせる。アパレーユを流し入れ、
　　アーモンドを全体に散らし、パルミジャーノをふりかける (d)。

6　180℃に予熱したオーブンで、25〜30分焼く。
　　全体にこんがりと焼き色がつき、中心を押して弾力があれば焼き上がり。

野菜の水けが残っていると、焼く間に水分が出てベチャッとした仕上がりになるので、念入りにしぼる。

最初はオリーブオイルを大さじ4くらい加えて攪拌。粗いペースト状になるまで少しずつオイルを加える。

POINT

ほうれんそうのペーストをさらに炒め、しっかりと水分を飛ばす。念入りに水けを除くのがおいしく焼くコツ。

アーモンドを散らすと、相互作用でそれぞれのうまみが強まり、コクと香りもアップして、野菜だけでも食べごたえが出る。

pâté aux
champignons

きのこのパテ

きのこはおいしいけれど、水分が出やすいのがネック。
そこで具材をパテにしてから敷き詰めたら、うまみたっぷりの贅沢なキッシュになりました。

材料（直径18cm×高さ4.5cmの型1台分）

基本のパート（p.11〜12参照）—— 1台。空焼きしておく
アパレーユ（p.13参照）—— 200ml前後
エリンギ —— 小1本
きのこのパテ（右記参照）—— 全量
クリームチーズ（5mm角にちぎる）—— 20g
チェダーチーズ（5mm角に切る）—— 10g
パルミジャーノ・レッジャーノ（粉）—— 小さじ1
オリーブオイル（または食塩不使用バター）—— 小さじ1

＊きのこのパテの材料（縦17×横8×高さ6cmのパウンド型1台分）

しめじのみじん切り —— 2パック分
玉ねぎのみじん切り —— 1/2個分
にんにくのみじん切り —— 少々
乾燥レンズ豆（大豆の水煮80gでも可）—— 大さじ2
パン粉 —— 1/2カップ
卵（Mサイズ）—— 1個
食塩不使用バター —— 大さじ1/2
塩 —— 小さじ1/3
こしょう —— 少々

きのこのパテの作り方

1 レンズ豆はやわらかくなるまで15分ほどゆでて、ざるに上げる。
  （大豆の水煮の場合は、さっと湯通ししてざるに上げ、熱いうちに粗くつぶす）

2 フライパンにバターを溶かし、にんにく、玉ねぎ、しめじの順にしんなりするまで炒める。

3 ボウルに**1**と**2**、パン粉を入れて、塩、こしょうをふる（a）。冷めたら卵を加えてよく混ぜる。

4 オーブンシートを敷いたパウンド型に**3**を入れて、へらなどでしっかりと詰め込む（b）。

5 180℃に予熱したオーブンで25分ほど焼いて、冷ます（c）。

仕上げ

6 エリンギは3cm長さの棒状に切り、オリーブオイルで炒めて冷ましておく。きのこのパテは、約2cm幅に切る。

7 空焼きしたパートに**6**のパテを敷き詰める。2段になって少し型から飛び出るくらいでかまわない（d）。

8 クリームチーズとチェダーチーズ、**6**のエリンギをのせる（e）。アパレーユを流し入れ、パルミジャーノをふりかける。

9 180℃に予熱したオーブンで25〜30分焼く。
  全体にこんがりと焼き色がつき、中心を押して弾力があれば焼き上がり。

レンズ豆とパン粉がつなぎとなり、具材をまとめる。卵は固まらないようあとから入れる。

パテの具材は平らにして型に詰め込んで整えると、焼き上がりがしっかりとして崩れない。

パテの2段目の真ん中は、少し空けたほうが焼き上がったあとに切り分けやすい。

飾り用のエリンギは、パテの上にまんべんなくのせて、きのこの香ばしさをプラスする。

じゃがいもとベーコンのミルフィユ

薄切りのじゃがいもとベーコンを2層に重ねました。
さっくりとしたおいもが、ベーコンの塩けと相性抜群！
朝ごはんの定番にしたい、太鼓判のおいしさです。

材料（直径18cm×高さ4.5cmの型 1台分）

基本のパート (p.11〜12参照) ——— 1台。空焼きしておく
アパレーユ (p.13参照) ——— 220〜250mℓ
じゃがいも ——— 中3個
ベーコン ——— 30g
オリーブオイル ——— 大さじ1
食塩不使用バター ——— 小さじ1
あめ色玉ねぎ (p.14参照) ——— 大さじ2
クリームチーズ (5mm角にちぎる) ——— 20g
モッツァレラチーズ (5mm角に切る) ——— 10g
パルミジャーノ・レッジャーノ (粉) ——— 小さじ1
塩、こしょう ——— 各少々

作り方

1　じゃがいもは2〜3mm厚さに切り、5分ほど水にさらしてざるに上げておく。ベーコンは3cm幅に切る。

2　フライパンにオリーブオイルを熱し、**1**のじゃがいもを蒸し焼きにし、やわらかくなったら両面に軽く焦げ目をつける。仕上げにバターを加え (a)、塩、こしょうをふって取り出す。

3　同じフライパンでベーコンを炒める。

4　空焼きしたパートにあめ色玉ねぎを敷き詰める。
　　2の半量、**3**の半量の順に重ねる。これをもう一度繰り返す (b)。

5　クリームチーズとモッツァレラチーズをのせる。アパレーユを流し入れて、パルミジャーノをふりかける。

6　180℃に予熱したオーブンで、25〜30分焼く。
　　全体にこんがりと焼き色がつき、中心を押して弾力があれば焼き上がり。

POINT

じゃがいもは電子レンジでやわらかくしてもOK。バターを最後に入れることで風味がアップ。

切ったときに層の断面がきれいに見えるよう、少しずつ平らに重ねていく。

millefeuille de
pommes de terre
et lardons

さくさくパート & さっぱりアパレーユ

どの材料をどれだけ使えば、さっくりした生地とあっさりした卵液になるのか？
粉の配合や合わせる材料についてあれこれ試してみたうえでたどりついた、
パータパテならではのこだわりをお伝えします。

さくさくパート

薄力粉　　　　　　　　　　　強力粉

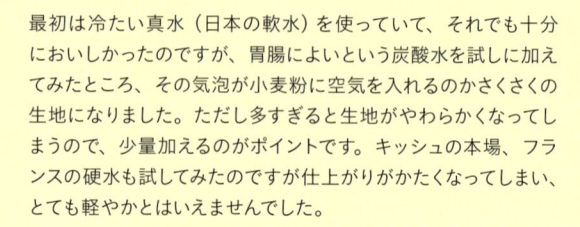

粉の配合

小麦粉は、たんぱく質（グルテン）の含有量によって違いが出ます。グルテンの少ない薄力粉だけだと、こねたときにまとまりにくく焼き上がりはボソボソに、強力粉だけだと、すぐにまとまる分粘りが出て焼き上がりもズシッと重くなりました。そこで、両方を混ぜることで、まとまりのよさと口当たりの軽やかさを両立できるのでは、と考えました。何度も配合を変えて試作した結果、強力粉を薄力粉より少なめに配合する今のレシピで、薄力粉によるさくさく感と、強力粉によるこしが出ることがわかりました。

炭酸水

最初は冷たい真水（日本の軟水）を使っていて、それでも十分においしかったのですが、胃腸によいという炭酸水を試しに加えてみたところ、その気泡が小麦粉に空気を入れるのかさくさくの生地になりました。ただし多すぎると生地がやわらかくなってしまうので、少量加えるのがポイントです。キッシュの本場、フランスの硬水も試してみたのですが仕上がりがかたくなってしまい、とても軽やかとはいえませんでした。

アーモンドプードル

粉だけでは出せない香ばしさや深みが加わります。入れすぎるとしつこくなるので、ほどよい分量を微調整しました。皮なしでもかまいませんが、皮つきのほうがより香ばしさが増し、見た目もよいです。いろいろなハーブも生地に加えてみたのですが、中に入れる具とケンカすることもあったので、ハーブは具材として加えるのがおすすめです。

甘酒

発酵食の文化をもつ日本。同じく発酵食品であるチーズに合わせて、パートにも発酵食材を入れてみたらどうだろうかと思ったのがきっかけです。塩麹は、塩けが主張し麹の風味が残ってしまいました。みそは強すぎてキッシュの中身に影響してしまいます。酒粕は、粕が残ってなめらかなパートになりません。最後にたどりついたのが甘酒で、これによりコクとなめらかさが生まれて大成功！　砂糖不使用のものを隠し味的な量で加えます。

さっぱりアパレーユ

ヨーグルト　　　　　　　　サワークリーム

ヨーグルト & サワークリーム

アパレーユの基本は卵と生クリーム、牛乳ですが、これだけだと卵の生臭さが気になり味も平たい感じがして、もっとコクがありあっさりした味にしたいと思いました。同じ乳製品でも、発酵食品であるヨーグルトやサワークリームがいいのではと、配合を変えていろいろ試してみたのが現レシピです。卵の臭みも薄れ、味に奥行きが出るうえに、生クリームの量を減らすことができ、さっぱりとしたアパレーユになりました。

ナツメグ & 黒こしょう

隠し味に香辛料を加えました。ナツメグは卵の臭みを薄め、かつ甘い香りと風味が卵とよく合います。黒こしょうはその香りが全体の味をしめてまとめてくれる役目があります。ちなみに白こしょうも試しましたが、香りより辛みが強いので、アパレーユ向きではありませんでした。ローズマリー、タイム、オールスパイスなどの粉末も、香りと臭みを取るには向きますが、具との相性があるので、具によって使い分けるとよいでしょう。

CHAPTER 2

野菜たっぷりのキッシュ

パータパテのキッシュは、具材の種類をシンプルにして、量をたっぷりと使うのが特徴。たとえばキャベツなら¼個、さといもなら6個と、基本の型1台に約200gの野菜が入っており、日々のおかずにも重宝します。野菜によってにんにくやアンチョビでパンチをきかせる工夫や、味つけに合わせたチーズ選びにも注目です。

légumes et lardons

青菜とベーコン

ビタミン豊富な青菜と、うまみの強いベーコンの、最強コンビ。
ここでは、ほろ苦さが魅力の菜花を使っていますが、
小松菜やほうれんそう、ルッコラなど好みの青菜でも楽しめます。

材料（直径18cm×高さ4.5cmの型1台分）

基本のパート (p.11〜12参照) ——— 1台。空焼きしておく
アパレーユ (p.13参照) ——— 200〜220mℓ
好みの青菜 (ここでは菜花を使用) ——— 2束 (150g)
ベーコン ——— 50g
あめ色玉ねぎ (p.14参照) ——— 大さじ2
クリームチーズ (5mm角にちぎる) ——— 20g
モッツァレラチーズ (5mm角に切る) ——— 10g
パルミジャーノ・レッジャーノ (粉) ——— 小さじ1
食塩不使用バター (またはオリーブオイル) ——— 大さじ1/2
塩、こしょう ——— 各少々

作り方

1 青菜はゆでて水けをしっかりとしぼり、3cm長さに切る。ベーコンは3mm幅に切る。

2 フライパンにバターを溶かし、**1**を炒めて塩、こしょうをふる (a)。

3 空焼きしたパートにあめ色玉ねぎを敷き詰め、**2**を広げる。

4 クリームチーズとモッツァレラチーズをのせる (b)。
  アパレーユを流し入れ、パルミジャーノをふりかける。

5 180℃に予熱したオーブンで、25〜30分焼く。
  全体にこんがりと焼き色がつき、中心を押して弾力があれば焼き上がり。

青菜は、ゆでたあと炒めて水けをしっかりと飛ばす。ベーコンと炒めることで、青菜にうまみがつく。

2種類のチーズ、青菜、ベーコンはパート全体に均等に散らしてのせると、切ったときにきれいな断面に。

pousses de bamboo
à la genovese

たけのこジェノベーゼ

和野菜のなかでも、キッシュと相性のよいたけのこ。
口にすると、たけのこの風味とジェノベーゼの香りの両方が広がります。
歯ごたえのある食感で、浅型によく合います。

材料（直径18cm×高さ2.5cmの型 1台分）

直径18cmの浅型パート（分量はp.17、作り方はp.11〜12参照）—— 1台。空焼きしておく

アパレーユ（p.13参照）—— 100〜120mℓ

ゆでたけのこ —— 100g

ジェノベーゼソース（下記参照・市販品でもOK）—— 大さじ1

あめ色玉ねぎ（p.14参照）—— 大さじ1と1/2

クリームチーズ（5mm角にちぎる）—— 20g

チェダーチーズ（5mm角に切る）—— 10g

パルミジャーノ・レッジャーノ（粉）—— 小さじ1

食塩不使用バター —— 小さじ1

ジェノベーゼソースの材料（作りやすい分量）と作り方

1　バジルの葉20枚、松の実7g、オリーブオイル大さじ1、塩、こしょう各少々をミキサーに入れて攪拌する（a）。

2　オリーブオイルを少しずつ加えながら攪拌し（b）、合計で大さじ5〜6ほど加えて調整する。
　　仕上げに、にんにくのみじん切り小さじ1を加えてひと混ぜする。

キッシュの作り方

3　たけのこは2mm厚さに切って、バターで炒める。

4　火を止めて、**3**をジェノベーゼソースであえる（c）。

5　空焼きしたパートにあめ色玉ねぎを敷き詰め、**4**をのせる。

6　クリームチーズとチェダーチーズをのせる（d）。アパレーユを流し入れ、パルミジャーノをふりかける。

7　180℃に予熱したオーブンで18〜20分焼く。
　　全体にこんがりと焼き色がつき、中心を押して弾力があれば焼き上がり。

バジルの葉は洗ったあとに水けをしっかりとふき取る。オリーブオイルを最初に少し加えると、攪拌しやすい。

オリーブオイルは一度に入れず、様子を見ながら少しずつ加えていく。なめらかなソース状になるのが目安。

ジェノベーゼソースの香りが飛んでしまわないように、火を止めてからたけのことあえる。

チーズは具の表面に均等に散らす。ジェノベーゼソースなど濃いめの味つけにはクリームチーズなどがおすすめ。

choux aux herbes

ハーブキャベツ

キャベツをくたくたになるまで炒めることで
甘みを余すところなく引き出しました。ハーブの香りも抜群です。
カッテージチーズを多めに使うのがおいしさの秘訣です。

材料（直径18cm×高さ4.5cmの型 1台分）

基本のパート（p.11〜12参照）————— 1台。空焼きしておく
アパレーユ（p.13参照）————— 200〜220mℓ
キャベツ ————— 1/4個（400g）
ベーコン ————— 50g
あめ色玉ねぎ（p.14参照）————— 大さじ2
カッテージチーズ ————— 60g
チェダーチーズ（5mm角に切る）————— 15g
パルミジャーノ・レッジャーノ（粉）————— 小さじ1
キャラウェイシード ————— 小さじ1
食塩不使用バター ————— 大さじ1/2
塩、こしょう ————— 各少々

作り方

1 キャベツはせん切りにして、熱湯にさっとくぐらせてざるに上げる。
  手でしぼって水けを除く。ベーコンは5mm幅に切る。

2 フライパンにバターを溶かし、**1**と塩、こしょうをふって キャベツがくたくたになるまで炒める（a）。

3 空焼きしたパートにあめ色玉ねぎを敷き詰め、**2**をのせる。

4 カッテージチーズとチェダーチーズをのせる。
  アパレーユを流し入れ、パルミジャーノとキャラウェイシードをふりかける（b）。

5 180℃に予熱したオーブンで、25〜30分焼く。
  全体にこんがりと焼き色がつき、中心を押して弾力があれば焼き上がり。

キャベツは一度ゆでてから炒めると、角が取れてくったりとし
やすく、アパレーユともよくなじむ。

キャラウェイシードは炒めるときに混ぜてもよいが、上にふる
ことで見た目のアクセントにも。タイムなども合う。

そらまめとオリーブ

そらまめは量が多いと味を主張しすぎるので、
浅型で作るのがおすすめ。色がきれいで、季節感のある一品です。
オリーブの塩けと相まって、そらまめがこのうえなく美味！

材料（直径18cm×高さ2.5cmの型1台分）

直径18cmの浅型パート（分量はp.17、作り方はp.11〜12参照）——— 1台。空焼きしておく
アパレーユ（p.13参照）——— 100〜120mℓ
そらまめ（正味）——— 170g
オリーブの実（種なし、黒）の薄切り ——— 4個分
あめ色玉ねぎ（p.14参照）——— 大さじ1と1/2
クリームチーズ（5mm角にちぎる）——— 20g
ゴーダチーズ（5mm角に切る）——— 20g
パルミジャーノ・レッジャーノ（粉）——— 小さじ1
食塩不使用バター ——— 小さじ2
塩、こしょう ——— 各少々

作り方

1 そらまめはさやから出してかために塩ゆでし、皮をむく。

2 フライパンにバターを溶かし、**1**を炒めて塩、こしょうをふる。

3 空焼きしたパートにあめ色玉ねぎを敷き詰め、**2**をのせる（a）。

4 クリームチーズとゴーダチーズをのせる。アパレーユを流し入れ、
  オリーブを全体に散らし（b）、パルミジャーノをふりかける。

5 180℃に予熱したオーブンで18〜20分焼く。
  全体にこんがりと焼き色がつき、中心を押して弾力があれば焼き上がり。

そらまめのホクホクした食感が味のポイントなので、浅型の
パートにして、アパレーユは少なめにする。

黒いオリーブを選ぶと、そらまめとの対比がついて、焼き上が
りがきれい。塩けがあるのでクリームチーズと好相性。

fèves et olives

millefeuille de poivrons
et de courgettes

パプリカとズッキーニのミルフィユ

夏野菜の代表選手2つを重ねて焼き上げた、力強いキッシュです。
パプリカは、表面を焼いて皮をむくことで、アパレーユとなじみやすくなります。
最初ににんにくで香りを出し、パンチをきかせるのがポイントです。

材料（直径18cm×高さ4.5cmの型1台分）

基本のパート（p.11〜12参照）——— 1台。空焼きしておく
アパレーユ（p.13参照）——— 200mℓ
パプリカ（オレンジ）——— 1個
ズッキーニ ——— 小2本
あめ色玉ねぎ（p.14参照）——— 大さじ2
にんにくのみじん切り ——— 1片分
モッツァレラチーズ（5mm角に切る）——— 20g
クリームチーズ（5mm角にちぎる）——— 20g
パルミジャーノ・レッジャーノ（粉）——— 小さじ1
オリーブオイル（または食塩不使用バター）——— 大さじ1/2
塩、こしょう ——— 各少々

作り方

1　パプリカは縦半分に切って種とへたを除き、200℃に予熱したオーブンまたはグリルで表面が黒く焦げるまで焼く。熱いうちに皮をむき（a）、1cm幅に切る。

2　ズッキーニは2mm厚さに切る。
　フライパンにオリーブオイルを熱し、にんにくを炒める。
　香りが立ったらズッキーニの両面を焼き（b）、塩、こしょうをふる。

3　空焼きしたパートにあめ色玉ねぎを敷き詰め、**1**の半量、**2**の半量の順にのせる。
　これをもう一度繰り返す。

4　モッツァレラチーズとクリームチーズをのせる。アパレーユを流し入れ、パルミジャーノをふりかける。

5　180℃に予熱したオーブンで、25〜30分焼く。
　全体にこんがりと焼き色がつき、中心を押して弾力があれば焼き上がり。

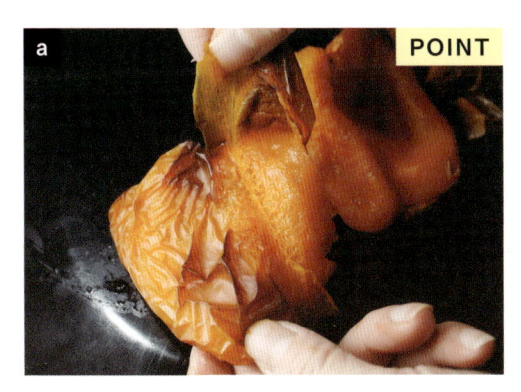

POINT

パプリカの皮はアパレーユを弾くので、焼いて皮をむく。卵と一体化するだけでなく、身がとろりと甘くなる。

メイン食材があっさりした味の野菜のため、にんにくの風味をアクセントにすると味が締まる。

pâté de soja vett

枝豆のパテ

パテにした枝豆の、濃厚な甘さが楽しめる贅沢な味わい。
枝豆は冷凍のものでもOK。マッシュすることで豆本来のうまみが出ます。

材料（直径18cm×高さ4.5cmの型1台分）

基本のパート（p.11〜12参照）——— 1台。空焼きしておく
アパレーユ（p.13参照）——— 200mℓ前後
枝豆のパテ（右記参照）——— 全量
クリームチーズ（5mm角にちぎる）——— 40g
パルミジャーノ・レッジャーノ（粉）——— 小さじ1

＊枝豆のパテの材料（縦17×横8×高さ6cmのパウンド型1台分）

枝豆（正味）——— 250g
マッシュルームのみじん切り ——— 4個分
玉ねぎのみじん切り ——— 1/2個分
にんにくのみじん切り ——— 1/2片分
パン粉 ——— 1/2カップ
卵（Mサイズ）——— 1個
オリーブオイル ——— 大さじ1
塩、こしょう ——— 各少々

枝豆のパテの作り方

1　枝豆はゆでてさやと薄皮を除き、すりこ木などで熱いうちに粗くつぶす（ミキサーでもOK）。
2　フライパンにオリーブオイルを熱し、にんにくと玉ねぎを炒める。
　　香りが立ったらマッシュルームを加えて炒め、塩、こしょうをふる。
3　ボウルに1と2を入れて、パン粉を加えて混ぜる。冷めたら、卵を入れてよく混ぜる（a）。
4　オーブンシートを敷いたパウンド型に3を入れ、へらなどでしっかりと詰め込む（b）。
5　180℃に予熱したオーブンで25分ほど焼いて、冷ます（c）。

仕上げ

6　枝豆のパテは約2cm幅に切る。
7　空焼きしたパートに、6のパテを敷き詰める。2段になって少し型から飛び出るくらいでかまわない（p.21参照）。
8　クリームチーズをのせ、アパレーユを流し入れる。パルミジャーノをふりかける。
9　180℃に予熱したオーブンで25〜30分焼く。
　　全体にこんがりと焼き色がつき、中心を押して弾力があれば焼き上がり。

枝豆は熱いうちにつぶす。枝豆が入るので、つなぎのレンズ豆は不要。卵は固まらないよう、粗熱が取れてから加える。

焼き上がったら型から外して冷まし、締まってから切り分ける。パテだけでもおいしくいただける。

しいたけベーコン
（作り方は40ページ参照）

カリフラワーマッシュルーム
（作り方は40ページ参照）

長ねぎベーコン
（作り方は41ページ参照）

つぶつぶとうもろこし
（作り方は41ページ参照）

しいたけベーコン

うまみの濃いしいたけとベーコンのコクに
ぎんなんの色みと風味を合わせた、大人キッシュ。

材料（直径18cm×高さ4.5cmの型 1台分）

基本のパート (p.11～12参照) —— 1台。空焼きしておく
アパレーユ (p.13参照) —— 200～220mℓ
生しいたけ —— 12個 (約180g)
ベーコン —— 50g
飾り用ぎんなん (缶詰でも可) —— 12粒
あめ色玉ねぎ (p.14参照) —— 大さじ2

クリームチーズ (5mm角にちぎる) —— 20g
ゴーダチーズ (5mm角に切る) —— 15g
パルミジャーノ・レッジャーノ (粉) —— 小さじ1
食塩不使用バター (またはオリーブオイル) —— 大さじ1/2
こしょう —— 少々

作り方

1 しいたけはペーパータオルで軽く汚れをふき取り、粗みじん切りにする。
  ベーコンは3mm幅に切る。ぎんなんは、半分に切る。
2 フライパンにバターを溶かして1のしいたけを炒め、1のベーコンも加えてさっと炒め、こしょうをふる。
3 空焼きしたパートにあめ色玉ねぎを敷き詰め、2をのせる。
4 クリームチーズとゴーダチーズをのせる。アパレーユを流し入れ、1のぎんなんを上にのせる。
  パルミジャーノをふりかける。
5 180℃に予熱したオーブンで25～30分焼く。
  全体にこんがりと焼き色がつき、中心を押して弾力があれば焼き上がり。

カリフラワーマッシュルーム

やさしくあっさりした野菜に、マッシュルームでコクをプラス。
カリフラワーの代わりに、ロマネスコなどを使っても。

材料（直径18cm×高さ4.5cmの型 1台分）

パート (p.11～12参照) —— 1台。空焼きしておく
アパレーユ (p.13参照) —— 200～220mℓ
カリフラワー —— 1/2個 (250g)
マッシュルーム —— 4～5個
あめ色玉ねぎ (p.14参照) —— 大さじ2

クリームチーズ (5mm角にちぎる) —— 30g
チェダーチーズ (5mm角に切る) —— 20g
パルミジャーノ・レッジャーノ (粉) —— 小さじ1
食塩不使用バター (またはオリーブオイル) —— 大さじ1/2
塩、こしょう —— 各少々

作り方

1 カリフラワーはゆでて、さめたら細かい小房に分ける。
  マッシュルームはペーパータオルで軽く汚れをふき取り、薄切りにする。
2 フライパンにバターを溶かし、1を炒めて、塩、こしょうをふる。
3 空焼きしたパートにあめ色玉ねぎを敷き詰め、2をのせる。
4 クリームチーズ、チェダーチーズをのせる。アパレーユを流し入れ、パルミジャーノをふりかける。
5 180℃に予熱したオーブンで、25～30分焼く。
  全体にこんがりと焼き色がつき、中心を押して弾力があれば焼き上がり。

長ねぎベーコン

ねぎの甘みが際立つキッシュ。長ねぎとベーコンをみじん切りにすることで
アパレーユと一体化させ、しっとりした口当たりに。ポロねぎを使ってもおいしい。

材料（直径18cm×高さ4.5cmの型 1台分）

パート (p.11～12参照) ── 1台。空焼きしておく
アパレーユ (p.13参照) ── 200～220㎖
長ねぎ ── 2～3本 (200g)
ベーコン ── 30g
あめ色玉ねぎ (p.14参照) ── 大さじ2

クリームチーズ (5㎜角にちぎる) ── 20g
チェダーチーズ (5㎜角に切る) ── 20g
パルミジャーノ・レッジャーノ (粉) ── 小さじ1
食塩不使用バター (またはオリーブオイル) ── 大さじ1/2
塩、こしょう ── 各少々

作り方

1　長ねぎとベーコンはみじん切りにする。
2　フライパンにバターを溶かし、1を炒めて、塩、こしょうをふる。
3　空焼きしたパートにあめ色玉ねぎを敷き詰め、2をのせる。
4　クリームチーズ、チェダーチーズをのせる。アパレーユを流し入れ、パルミジャーノをふりかける。
5　180℃に予熱したオーブンで、25～30分焼く。
　　全体にこんがりと焼き色がつき、中心を押して弾力があれば焼き上がり。

つぶつぶとうもろこし

口の中に入れたとたん、とうもろこしの繊細な甘みが
ふわっと広がります。子ども受けも抜群！

材料（直径18cm×高さ4.5cmの型 1台分）

パート (p.11～12参照) ── 1台。空焼きしておく
アパレーユ (p.13参照) ── 200～230㎖
とうもろこし ── 1本 (缶詰や冷凍コーンの場合は正味230g)
あめ色玉ねぎ (p.14参照) ── 大さじ2
クリームチーズ (5㎜角にちぎる) ── 30g

パルミジャーノ・レッジャーノ (粉) ── 小さじ1
食塩不使用バター (またはオリーブオイル) ── 大さじ1/2
塩、こしょう ── 各少々

作り方

1　とうもろこしは皮をむき、蒸して、粒を外す。
2　フライパンにバターを溶かし、1を炒めて、塩、こしょうをふる。
3　空焼きしたパートにあめ色玉ねぎを敷き詰め、2を上に飾る分大さじ1を残してのせる。
4　クリームチーズを均等に散らし、アパレーユを流し入れる。
　　3の飾る分のとうもろこしをのせ、パルミジャーノをふりかける。
5　180℃に予熱したオーブンで、25～30分焼く。
　　全体にこんがりと焼き色がつき、中心を押して弾力があれば焼き上がり。

pâté aux aubergines

なすのパテ

細かく切って炒めたなすが、パテの生地とよくなじみます。
やさしい味わいなのに、しっかりとした食べごたえです。

材料（直径18cm×高さ4.5cmの型 1台分）

基本のパート（p.11～12参照）────── 1台。空焼きしておく
アパレーユ（p.13参照）────── 200ml前後
なすのパテ（右記参照）────── 全量
オリーブの実（種なし、黒）────── 4個
なすの輪切り（飾り用）────── 薄いもの8枚
クリームチーズ（5mm角にちぎる）────── 20g
ゴーダチーズ（5mm角に切る）────── 10g
パルミジャーノ・レッジャーノ（粉）────── 小さじ1
オリーブオイル ────── 小さじ2

＊なすのパテの材料（縦17×横8×高さ6cmのパウンド型 1台分）

なすの粗みじん切り ────── 中3本分
　（輪切り8枚分を飾り用に取っておく）
マッシュルームの粗みじん切り ────── 4個分
玉ねぎのみじん切り ────── 1/2個分
にんにくのみじん切り ────── 1/2片分
乾燥レンズ豆（大豆の水煮80gでも可）────── 大さじ2
パン粉 ────── 1/2カップ
卵（Mサイズ）────── 1個
オリーブオイル（または食塩不使用バター）────── 大さじ1
塩、こしょう、タイム ────── 各少々

なすのパテの作り方

1 フライパンにオリーブオイルを熱し、にんにくと玉ねぎを炒める。
　香りが立ったら、なすとマッシュルームを加えてなすがしんなりするまで炒め（a）、塩、こしょうをふる。

2 レンズ豆はやわらかくなるまで15分ほどゆでて、ざるに上げる。
　（大豆の水煮の場合は、さっと湯通ししてざるに上げ、熱いうちに粗くつぶす）

3 ボウルに**1**と**2**、パン粉を入れて塩、こしょうをふる。さめたら、卵を入れてよく混ぜ、タイムを加える。

4 オーブンシートを敷いたパウンド型に**3**を入れて、へらなどでしっかりと詰め込む（b）。

5 180℃に予熱したオーブンで25分ほど焼いて、冷ます。

仕上げ

6 なすのパテは約2cm幅に切り、オリーブは薄切りにする。なすの輪切りをオリーブオイルで炒めておく。

7 空焼きしたパートに、**6**のパテを敷き詰める。2段になって少し型から飛び出るくらいでかまわない（p.21参照）。

8 クリームチーズ、ゴーダチーズ、**6**のなすの輪切りをのせ、アパレーユを流し入れる。
　6のオリーブを飾り、パルミジャーノをふりかける。

9 180℃に予熱したオーブンで25～30分焼く。全体にこんがりと焼き色がつき、中心を押して弾力があれば焼き上がり。

なすは細かく切って表面積を出し、しんなりするまでじっくりと炒めて水分を抜き、甘みを出す。

焼いたあと切るときに崩れないように、へらなどを使ってしっかりと生地を押さえること。焼き上がりもきれいになる。

potiron
et cèpes

かぼちゃとポルチーニ

かぼちゃは薄くスライスしてバターでソテーすると、
しっとりとしてぼそぼそ感がなくなり、アパレーユともよくなじみます。
ポルチーニのうまみもかぼちゃにしっかり吸わせて焼き上げました。

材料（直径18cm×高さ4.5cmの型1台分）

基本のパート（p.11〜12参照）─── 1台。空焼きしておく
アパレーユ（p.13参照）─── 220〜250mℓ
かぼちゃ ─── 中1/4個（250g）
乾燥ポルチーニ ─── 5g
あめ色玉ねぎ（p.14参照）─── 大さじ2
クリームチーズ（5mm角にちぎる）─── 15g
ゴーダチーズ（5mm角に切る）─── 15g
パルミジャーノ・レッジャーノ（粉）─── 小さじ1
オリーブオイル ─── 大さじ1
食塩不使用バター ─── 小さじ1
塩、こしょう ─── 各少々

作り方

1 ポルチーニはひたひたの水かぬるま湯でもどし（a）、水分をしぼり、粗みじんに切る。
   かぼちゃは5mm厚さに切る。

2 フライパンにオリーブオイルを熱し、1のかぼちゃをポルチーニのもどし汁少々を入れて蒸し焼きにしてから、
   両面に焼き色をつける。仕上げにバターを加えて、塩、こしょうをふる。

3 空焼きしたパートにあめ色玉ねぎを敷き詰める。
   2のかぼちゃの半量、1のポルチーニの半量の順にのせる。これをもう一度繰り返す（b）。

4 クリームチーズとゴーダチーズをのせる。アパレーユを流し入れ、パルミジャーノをふりかける。

5 180℃に予熱したオーブンで、25〜30分焼く。
   全体にこんがりと焼き色がつき、中心を押して弾力があれば焼き上がり。

ポルチーニは15〜30分水でもどすと、写真のように濃い色の
エキスが出てくる。このエキスも無駄なく使う。

ポルチーニはうまみが強いので、刻んだものを少しのせるだ
けで、キッシュ全体にコクと香ばしさが出る。

さつまいもといちじく

独特のコクと歯ごたえが魅力の、乾燥いちじく。
さつまいものしっとりとした甘さと組み合わせることで
奥行きのある味わいが生まれます。

材料（直径18cm×高さ4.5cmの型1台分）

基本のパート（p.11〜12参照）——— 1台。空焼きしておく

アパレーユ（p.13参照）——— 200〜230ml

さつまいも ——— 中1本（約270g）

乾燥いちじく（ソフトタイプ）——— 3個（50g）

あめ色玉ねぎ（p.14参照）——— 大さじ2

クリームチーズ（5mm角にちぎる）——— 20g

パルミジャーノ・レッジャーノ（粉）——— 小さじ1

オリーブオイル ——— 大さじ1

食塩不使用バター ——— 小さじ1

塩、こしょう ——— 各少々

作り方

1　さつまいもは3mm厚さに切り、5分ほど水にさらし、ざるに上げておく。

2　フライパンにオリーブオイルを熱し、**1**を蒸し焼きにしてから、両面に焼き色をつける。
　　やわらかくなったら仕上げにバターを加え、塩、こしょうをふる。

3　空焼きしたパートにあめ色玉ねぎを敷き詰め、**2を中央を空けてのせる**（a）。

4　クリームチーズをのせ、アパレーユを流し入れる。
　　ひと口大に切ったいちじくをのせて（b）、パルミジャーノをふりかける。

5　180℃に予熱したオーブンで、25〜30分焼く。
　　全体にこんがりと焼き色がつき、中心を押して弾力があれば焼き上がり。

さつまいもは平らに敷き詰める。中央部は少し空けるようにして重ねると、焼いたあとに切り分けやすい。

いちじくは表面にのせることで、見た目もよく味もたつ。いちじくの有無で、風味と口当たりがガラリと変わる。

pataes douces et figues

taros aux anchois

さといもとアンチョビ

素朴な味わいのさといもに、アンチョビの個性がキラリと光ります。
ただ入れるだけでなく、さといもに火を通すときに加えて、
風味をからませるのがコツ。冬の定番にしたい一品です。

材料（直径18cm×高さ4.5cmの型 1台分）

基本のパート (p.11〜12参照) ——— 1台。空焼きしておく
アパレーユ (p.13参照) ——— 220〜250ml
さといも ——— 中6個 (250g)
アンチョビフィレ ——— 2枚
あめ色玉ねぎ (p.14参照) ——— 大さじ2
にんにくのみじん切り ——— 1片分
クリームチーズ (5mm角にちぎる) ——— 20g
チェダーチーズ (5mm角に切る) ——— 15g
パルミジャーノ・レッジャーノ (粉) ——— 小さじ1
オリーブオイル ——— 大さじ1
食塩不使用バター ——— 小さじ1
塩、こしょう ——— 各少々

作り方

1　さといもは皮をむいて3mm厚さに切り、熱湯に入れてぬめりを取る。アンチョビはみじん切りにする。

2　フライパンにオリーブオイルを熱し、にんにくを炒める。
　　香りが立ったら**1**のさといもを加えて蒸し焼きにし、両面に焼き色をつける (a)。
　　仕上げに**1**のアンチョビとバターを加え、塩、こしょうをふる (b)。

3　空焼きしたパートにあめ色玉ねぎを敷き詰め、**2**をのせる。

4　クリームチーズ、チェダーチーズをのせる。アパレーユを流し入れ、パルミジャーノをふりかける。

5　180℃に予熱したオーブンで、25〜30分焼く。
　　全体にこんがりと焼き色がつき、中心を押して弾力があれば焼き上がり。

さといもは、ふたをして蒸し焼きにして火を通す。このあと軽く焼き色をつけるくらいにするとおいしい。

POINT

淡泊なさといもとアンチョビが好相性。いもに火が通ったところで、アンチョビとバターをからませると味がなじむ。

具に応じて使い分けたいチーズ

ひと口にチーズといっても、風味や味わいなど、個性はいろいろ。
入れる具によってチーズを使い分けると、キッシュの味わいがさらに広がります。
すべてそろえなくても、パルミジャーノともう一品から始めてみてはいかがでしょう。

パルミジャーノ・レッジャーノ（粉）

芳醇な香りと深いコクがあり、アミノ酸の結晶がジャリジャリと感じられます。焦げ目と香ばしさがおいしさを引き立てるので、すべてのキッシュの仕上げに使用しています。

	強			弱
酸味		★		
コク		★		
塩け	★			

クリームチーズ

アメリカ生まれの、非熟成タイプ。なめらかであっさりしているのに、まろやかなコクがあるのが特徴。おかずになる具にもスイーツにも合い、味の強い具との相性がよいと思います。

	強			弱
酸味		★		
コク		★		
塩け			★	

ゴーダチーズ

くせのない口当たり。熱を加えると溶けてよりまろやかになるので、オールマイティーに使えますが、とくに味の強いきのこやそらまめに合わせると、全体のバランスがとれます。

	強			弱
酸味			★	
コク			★	
塩け		★		

モッツァレラチーズ

くせがなく酸味も少ないさっぱりした味。少し甘みがあり、熱を加えると糸を引くのが特徴。葉野菜や肉と合わせるとまろやかにまとまります。フレッシュでもハードタイプでも。

	強			弱
酸味		★		
コク				★
塩け			★	

チェダーチーズ

味は濃いほうですがくせはあまりありません。コクが出ても味の主張はしないので、使いやすいチーズです。おもに長ねぎやカリフラワー、鶏肉やさといもなど、淡泊な具に合わせます。

	強			弱
酸味	★			
コク	★			
塩け		★		

カッテージチーズ

脱脂乳や脱脂粉乳を主原料に乳酸菌と酵素を加えて作った非熟成タイプ。低脂肪、低カロリーなのでとてもヘルシーです。本書ではハーブキャベツのキッシュに合わせました。

	強			弱
酸味		★		
コク			★	
塩け			★	

ブルーチーズ

青かび特有の刺激があり、塩け、コク、うまみが強いです。あっさり味のアクセントにもなれば、コクのあるものをさらに引き立たせる力もあります。使う量は控えめにするのがコツ。

	強			弱
酸味		★		
コク	★			
塩け	★			

グリュイエールチーズ

無農薬の牧草と無添加の飼料で育った牛乳から作るチーズ。濃厚なナッツの風味とクリーミーな酸味が際立ちますが、比較的高価なので、チェダーチーズやゴーダチーズで代用しても。

	強			弱
酸味		★		
コク			★	
塩け		★		

CHAPTER 3

肉 & 魚のキッシュ

肉や魚を使ったキッシュは、一気にごちそう感がアップ。肉は脂身の少ない部位を使うのが鉄則で、素朴な卵料理に合うように牛肉は使いません。パータパテでは、魚介は臭みが出やすいことから多用しませんが、その中でもおいしい厳選3レシピを紹介。しっかりと下味をつけた具材で、アパレーユとのハーモニーを楽しみましょう。

Poulet vapeur aux champignons

蒸し鶏とマッシュルーム

脂を落とした蒸し鶏ときのこを炒め合わせるので
あっさりした口当たりのあと、ジュワッとコクを感じられるのが魅力。
ボリュームがあるのにカロリーは低めの、ヘルシーなキッシュです。

材料（直径18cm×高さ4.5cmの型 1台分）

基本のパート（p.11～12参照）——— 1台。空焼きしておく
アパレーユ（p.13参照）——— 200～220ml
蒸し鶏（右記参照）——— 全量
マッシュルーム ——— 12個
あめ色玉ねぎ（p.14参照）——— 大さじ2
クリームチーズ（5mm角にちぎる）——— 15g
チェダーチーズ（5mm角に切る）——— 15g
パルミジャーノ・レッジャーノ（粉）——— 小さじ1
食塩不使用バター（またはオリーブオイル）——— 大さじ1/2
塩、こしょう ——— 各少々

＊蒸し鶏の材料（キッシュ1台分）

鶏もも肉 ——— 小1枚（200g）
白ワインまたは酒 ——— 大さじ4
しょうがの薄切り ——— 1片分
長ねぎ ——— 5cm

蒸し鶏の作り方

1 耐熱容器に鶏肉を入れ、白ワインまたは酒をまわしかけ、しょうが、長ねぎをのせてラップをかける（a）。

2 湯気の立った蒸し器に入れ、15～20分蒸す（b）。

仕上げ

3 蒸し鶏は3mm厚さに切り、マッシュルームはペーパータオルで軽く汚れをふき取り、薄切りにする。

4 フライパンにバターを溶かし、**3**を炒め、塩、こしょうをふる（c）。

5 空焼きしたパートにあめ色玉ねぎを敷き詰め、**4の汁けを除きながら入れる**（d）。

6 クリームチーズ、チェダーチーズをのせる。アパレーユを流し入れ、パルミジャーノをふりかける。

7 180℃に予熱したオーブンで25～30分焼く。

全体にこんがりと焼き色がつき、中心を押して弾力があれば焼き上がり。

鶏肉は均一に火が通るように、厚みを平らにしておく。長ねぎとしょうがを添えて蒸し、臭みを除く。

竹串を刺して透明な汁が出ればOK。蒸したあとは早めにラップを取り、余熱で身がかたくなるのを防ぐ。熱いのでやけどに注意。

マッシュルームから出るうまみを蒸し鶏に吸わせるように、じっくり炒める。

POINT

きのこから出る水分は生地には入れないように、フライパンを傾けて汁けを分けてから具をのせる。

poulet à la genovese
et tomates semi-séchées

ジェノベーゼチキンとセミドライトマト

水分が抜けてうまみがギュッと詰まったセミドライトマトが
キッシュにフルーティーな甘みとコクを与えてくれます。
ジェノベーゼとの相乗効果で、思わずもうひとつ！といきたくなるはず。

材料（直径18cm×高さ4.5cmの型 1台分）

基本のパート（p.11〜12参照）——— 1台。空焼きしておく

アパレーユ（p.13参照）——— 200〜220㎖

蒸し鶏（p.53参照）——— 200g

セミドライトマト（右記参照）——— 8個

ジェノベーゼソース（p.29参照）——— 大さじ2

あめ色玉ねぎ（p.14参照）——— 大さじ2

クリームチーズ（5㎜角にちぎる）——— 20g

モッツァレラチーズ（5㎜角に切る）——— 20g

パルミジャーノ・レッジャーノ（粉）——— 小さじ1

＊セミドライトマトの材料（作りやすい分量）

ミニトマト ——— 1パック

粗塩 ——— 小さじ1

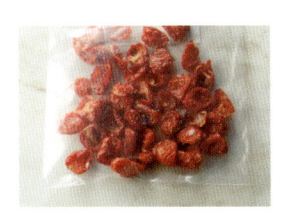

たくさん作って冷凍保存すると便利。ピザやパスタのトッピングにしてもおいしい。

セミドライトマトの作り方

1　ミニトマトは半分に切って種を取り、天板にのせて塩をふる。

2　100℃に予熱したオーブンで1時間焼く（a）。

仕上げ

3　蒸し鶏は3㎜厚さに切り、ジェノベーゼソースをからめる（b）。

4　空焼きしたパートにあめ色玉ねぎを敷き詰め、**3**を入れる。

5　クリームチーズ、モッツァレラチーズをのせる。表面にセミドライトマトを8個並べ、
　　アパレーユを流し入れ、パルミジャーノをふりかける。

6　180℃に予熱したオーブンで25〜30分焼く。
　　全体にこんがりと焼き色がつき、中心を押して弾力があれば焼き上がり。

POINT

低温で焼いてうまみを凝縮。市販のドライトマト（ソフトタイプ）を水でもどしたもので代用できるが、やや酸味が強くなる。

蒸し鶏にジェノベーゼソースをからませる。しっかりした味つけなので、モッツァレラチーズやクリームチーズと合う。

crevettes et broccolis

えびとブロッコリー

臭みの出やすい魚介はキッシュにとって難しい食材ですが、オーブンで
からりと焼くことで解消しました。プリプリ香ばしいえびは、ごちそう感満載！
合わせるブロッコリーとの相性も、特筆ものです。

材料（直径18cm×高さ4.5cmの型 I台分）

基本のパート (p.11〜12参照) ——— I 台。空焼きしておく
アパレーユ (p.13参照) ——— 200〜220mℓ
えび（殻つき） ——— 中12尾
ブロッコリー ——— 小1/2個（180g）
ジェノベーゼソース (p.29参照) ——— 大さじ I
あめ色玉ねぎ (p.14参照) ——— 大さじ 2
クリームチーズ（5mm角にちぎる） ——— 15g
モッツァレラチーズ（5mm角に切る） ——— 15g
パルミジャーノ・レッジャーノ（粉） ——— 小さじ I
オリーブオイル、食塩不使用バター ——— 各小さじ I
白ワインまたは酒 ——— 大さじ 2
塩、こしょう ——— 各少々

作り方

1　えびは白ワインまたは酒に10分つけて臭みを取ったあと、水けを除く (a)。
　　全体に塩少々（分量外）をふって、200℃に予熱したオーブンで焦げ目がつく程度に10分ほど焼く (b)。
　　殻と背わたを取り、ジェノベーゼソースをからめる。

2　ブロッコリーは小房に分ける。フライパンにオリーブオイルを熱し、蒸し焼きにしたあと軽く焼き色をつける (c)。
　　仕上げにバターを加えて、塩、こしょうをふる。

3　空焼きしたパートにあめ色玉ねぎを敷き詰め、**1**を入れ、上に**2**を並べる。

4　クリームチーズ、モッツァレラチーズをのせる。アパレーユを流し入れ (d)、パルミジャーノをふりかける。

5　180℃に予熱したオーブンで25〜30分焼く。
　　全体にこんがりと焼き色がつき、中心を押して弾力があれば焼き上がり。

キッシュに魚介のにおいが移らないよう、臭み対策はしっかりと。浸した汁けも、しっかりと取り除くこと。

POINT

殻ごと空焼きすることで水分とともに臭みが抜け、殻のうまみが身に移る。仕上がりの色もきれい。

ブロッコリーはゆでずに、蒸し焼きにする。こうすると中の水分を閉じ込められるので、焼き上げたさいに水分が出てくるのを防げる。

表面にえびの赤やブロッコリーの緑を見せたいので、具がちょっと飛び出るくらいにするとよい。写真より出すぎると焦げてしまうので注意。

saumon
aux herbes

ハーブサーモン

くせのないおいしさで、和洋どちらでも合うサーモンですが、
バターとハーブでソテーし、しっかりと下味をつけることで
キッシュとの相性が増し、上品なひと皿に仕上がります。

材料（直径18cm×高さ4.5cmの型1台分）

基本のパート (p.11〜12参照) ——— 1台。空焼きしておく
アパレーユ (p.13参照) ——— 200〜220mℓ
生鮭 ——— 大2切れ
あめ色玉ねぎ (p.14参照) ——— 大さじ2
クリームチーズ（5mm角にちぎる）——— 30g
パルミジャーノ・レッジャーノ (粉) ——— 小さじ1
タイムなど好みの粉末ハーブ ——— 適量
フェンネルなど好みの生のハーブ ——— 適量
食塩不使用バター ——— 大さじ1
白ワインまたは酒 ——— 大さじ2
塩、こしょう ——— 各少々

作り方

1　鮭は塩をふって10分おき、出てきた水分を除いたあと、白ワインまたは酒につける。
　　4等分に切り分け、骨と皮を除く。

2　フライパンにバターを溶かし、**1**の両面をこんがりと焼く。こしょう、タイムで薄味にととのえる (a)。

3　空焼きしたパートにあめ色玉ねぎを敷き詰め、**2**を並べる。

4　クリームチーズをのせ、アパレーユを流し入れる。
　　生のフェンネルとパルミジャーノを表面に散らす (b)。

5　180℃に予熱したオーブンで25〜30分焼く。
　　全体にこんがりと焼き色がつき、中心を押して弾力があれば焼き上がり。

鮭を焼くときに粉末のハーブを投入。バターとハーブのうまみ
を移すのが目的なので、薄味にとどめるのがコツ。

キッシュの表面にもハーブをのせると、彩りがよくなり、風味
や香りも増す。生のハーブがなければ、粉末タイプでも。

ほたてレモン

ほたてを贅沢に使ったキッシュは、浅型パートが合います。
最初にレモンのさわやかな酸味と香りを
次にさくさく生地からのぞくぷっくりほたてを楽しんで！

材料（直径18cm×高さ2.5cmの型 I台分）

直径18cmの浅型パート（分量はp.17、作り方はp.11〜12参照）—— I台。空焼きしておく

アパレーユ（p.13参照）—— 100〜120mℓ

刺し身用ほたて —— 6個

レモン（国産）—— 2mm厚さの輪切りを4枚

あめ色玉ねぎ（p.14参照）—— 大さじ I と 1/2

クリームチーズ（5mm角にちぎる）—— 20g

ブルーチーズ（5mm角に切る）—— 10g

パルミジャーノ・レッジャーノ（粉）—— 小さじ I

白ワインまたは酒 —— 大さじ I

食塩不使用バター —— 小さじ I

塩、こしょう —— 各少々

作り方

1　ほたては白ワインまたは酒に10分つけたあと、水分をペーパータオルでふき (a)、厚みを半分に切る。

2　フライパンにバターを溶かし、**1**の両面を焼き、塩、こしょうをふる。

3　空焼きしたパートにあめ色玉ねぎを敷き詰め、**2**を並べる。

4　クリームチーズ、ブルーチーズをのせ、皮をむいたレモンを並べる (b)。
　　アパレーユを流し入れ、パルミジャーノをふりかける。

5　180℃に予熱したオーブンで18〜20分焼く。
　　全体にこんがりと焼き色がつき、中心を押して弾力があれば焼き上がり。

ほたてはとくに水分が多いので、ペーパータオルでやさしく両
面を押さえながら水分をていねいに除く。

レモンをいちばん上に置くと、味のアクセントになると同時
に、見た目も華やか。浅型なので、カリッとした仕上がりに。

coquille saint-jacques et citron

millefeuille de potiron
à la bolognaise

ボロネーゼとかぼちゃのミルフィユ

ほろほろのボロネーゼは、いつの時代も老若男女に人気の一品。
トマトの酸味がほどよくきいて食欲をそそります。
かぼちゃはじゃがいもで代用したり、マッシュにしてもおいしく作れます。

材料 (直径18cm×高さ4.5cmの型1台分)

基本のパート (p.11〜12参照) ──── 1台。空焼きしておく
アパレーユ (p.13参照) ──── 150ml前後
ボロネーゼ (右記参照) ──── 全量
かぼちゃ (正味) ──── 150g
クリームチーズ (5mm角にちぎる) ──── 30g
パルミジャーノ・レッジャーノ (粉) ──── 小さじ1
オリーブオイル ──── 大さじ1
食塩不使用バター ──── 小さじ1
塩、こしょう ──── 各少々

＊ボロネーゼの材料 (キッシュ1台分)

豚ももひき肉 ──── 200g
トマトの水煮 ──── 200g
玉ねぎのみじん切り ──── 小1/2個分
にんにくのみじん切り ──── 小さじ1
食塩不使用バター ──── 小さじ1
トマトケチャップ ──── 大さじ1
A ┤ 赤ワイン ──── 大さじ1弱
　　 しょうゆ ──── 小さじ1弱
　　 塩、こしょう、オレガノ ──── 各少々

ボロネーゼの作り方

1　フライパンにバターを溶かし、にんにくを炒めて香りを出す。
　　玉ねぎ、豚肉を加え、肉に火が通ったら、トマトの水煮を加える (a)。
2　ひと混ぜしたらトマトケチャップを加え、Aで味をととのえ、汁けがなくなるまで煮詰める (b)。

仕上げ

3　かぼちゃは5mm厚さに切る。
4　フライパンにオリーブオイルを熱し、かぼちゃを蒸し焼きにしたあと軽く焼き色をつけ (c)、
　　仕上げにバターを加え、塩、こしょうをふる。
5　空焼きしたパートに、4のかぼちゃの半量を平らに敷き詰め、その上にボロネーゼの半量を広げる。
　　これをもう一度繰り返す (d)。
6　クリームチーズをのせる。アパレーユを流し入れ、パルミジャーノをふりかける。
7　180℃に予熱したオーブンで25〜30分焼く。全体にこんがりと焼き色がつき、中心を押して弾力があれば焼き上がり。

ひき肉と玉ねぎにしっかりと火が通ってから、トマトの水煮を加える。カットトマトなどでもよい。

POINT

ボロネーゼは、ときどきかき混ぜながら弱めの中火で煮る。写真のように、汁けがなくなりもったり重たくなるまでじっくり煮詰める。

かぼちゃは最後に両面に焦げ目をつけてパリッと香ばしく焼き上げると、ボロネーゼと重ねても崩れにくい。

かぼちゃ、ボロネーゼの順に重ねていく。じゃがいもの場合は、中2個を2〜3mmの薄切りにして同様に作る。

porc au vin rouge
et patates douces

ポーク赤ワイン煮と紫いもペースト

赤ワインで煮込んだ豚肉と、ねっとり甘い紫いものコンビ。
お肉感たっぷりのキッシュで、これひと皿でメインディッシュにも。
豚肉はもも肉を選び、余計な脂を出さないことがポイントです。

材料（直径18cm×高さ4.5cmの型1台分）

基本のパート（p.11〜12参照）———— 1台。空焼きしておく
アパレーユ（p.13参照）———— 150㎖前後
豚もも薄切り肉（5㎜幅に切る）———— 150g
オリーブオイル ———— 大さじ1
にんにくのみじん切り ———— 1片分
A ┤ 赤ワイン ———— 1/4カップ
　　トマトケチャップ、ウスターソース ———— 各大さじ1
　　しょうゆ、塩、こしょう、タイム、ナツメグ ———— 各少々
紫いも ———— 中1本（200g）
食塩不使用バター ———— 小さじ1
塩、こしょう ———— 各少々
あめ色玉ねぎ（p.14参照）———— 大さじ2
モッツァレラチーズ（5㎜角に切る）———— 20g
パルミジャーノ・レッジャーノ（粉）———— 小さじ1

作り方

1　フライパンにオリーブオイルを熱し、にんにくを入れる。香りが立ったら、豚肉を入れて炒める。
　　Aを加えてよく混ぜ、汁けがなくなるまで煮詰める（a）。

2　紫いもは、皮ごとやわらかくなるまで15〜20分蒸す。
　　熱いうちに皮を取り除き、バターを加えてマッシャーでつぶし（b）、塩、こしょうで味をととのえる。

3　空焼きしたパートにあめ色玉ねぎを敷き詰め、**2**を平らに入れ、その上に**1**を広げる。

4　モッツァレラチーズをのせる。アパレーユを流し入れ、パルミジャーノをふりかける。

5　180℃に予熱したオーブンで25〜30分焼く。
　　全体にこんがりと焼き色がつき、中心を押して弾力があれば焼き上がり。

豚肉はばら肉を使うと余計な脂が出るので避ける。混ぜながら、肉が調味料を吸い込んで汁けがなくなるまで煮詰める。

POINT

なめらかなペーストにすることで、アパレーユと肉をつなぐ役割に。さつまいもでもよいが、紫いものほうが色がきれい。

porc à la rhubarbe

ポークとルバーブ

ルバーブはふきに似た野菜で、ビタミンや食物繊維がとても豊富。
煮詰めたジャムはフルーツ感と酸味があり、肉との相性も抜群です。
口の中で心地よい甘酸っぱさが広がって、朝食やランチにもおすすめ！

材料（直径18cm×高さ4.5cmの型1台分）

基本のパート (p.11〜12参照) ――― 1台。空焼きしておく
アパレーユ (p.13参照) ――― 200㎖前後
豚ももかたまり肉（5㎜角に切る）――― 200g
オリーブオイル ――― 大さじ1
にんにくのみじん切り ――― 1片分

A
- 赤ワイン ――― 1/4カップ
- バルサミコ酢、トマトケチャップ ――― 各大さじ1
- はちみつ ――― 小さじ1
- 塩、こしょう ――― 各少々

ルバーブジャム ――― 大さじ3
あめ色玉ねぎ (p.14参照) ――― 大さじ2
クリームチーズ（5㎜角にちぎる）――― 15g
モッツァレラチーズ（5㎜角に切る）――― 15g
パルミジャーノ・レッジャーノ（粉）――― 小さじ1

作り方

1 フライパンにオリーブオイルを熱し、にんにくを入れる。香りが立ったら、豚肉を炒める。
  Aを加えてよく混ぜ、汁けがなくなるまで煮詰める (a)。

2 空焼きしたパートに、あめ色玉ねぎを敷き詰め、**1**を平らに広げる。

3 クリームチーズとモッツァレラチーズをのせ、アパレーユを流し入れる。

4 ルバーブジャムをアパレーユと混ざらないよう静かにのせ (b)、パルミジャーノをふりかける。

5 180℃に予熱したオーブンで25〜30分焼く。
  全体にこんがりと焼き色がつき、中心を押して弾力があれば焼き上がり。

口にしたときにジャムとなじむよう、豚肉は角切りにする。赤
ワインとバルサミコ酢で煮詰めるのでやわらかい。

ジャムは焼き上がりのアクセントにもなるため、アパレーユの
中に沈まないよう静かにのせる。柑橘系のジャムで代用可。

余ったパート & アパレーユの活用法

余ったパート生地やアパレーユは
キッシュ以外にも、いろいろな楽しみ方があります。
パートは前菜やちょっとしたおもてなし皿に、アパレーユはおいしい軽食に！

パートを、タルト皿に！

余ったパート生地を利用して作ります。生地を約1mmの薄さにのばし、マドレーヌ型などに入れて、フォークで穴をあけて、冷凍庫で冷たくなるまで寝かせたあと、180℃に予熱したオーブンで18〜20分焼けばでき上がり。

器代わりにして中に好きなものを入れると、見た目もかわいいので、おもてなしやおみやげにも活躍しそう。写真は、左から水きりヨーグルト＆ルバーブジャム、スイートポテト、キャロットラペをのせています。

ほかにも、スモークサーモンやツナ、ウインナーなどをのせておつまみに、フルーツ、ホイップクリーム、ジャム、チョコレート、ドライフルーツなどをのせて、おやつとしても楽しめます。

アパレーユを、ケーク・サレに！

甘すぎない塩味のパウンドケーキとして人気のケーク・サレもアパレーユさえあれば、すぐに作ることができます。ここでは赤い野菜を入れましたが、ブロッコリーやピーマン、ほうれんそうなどを入れて緑色にしてもきれいでヘルシー。ハムやベーコン、えびなどを加えても美味です。おやつはもちろん、トーストして朝食に、ワインのお供にどうぞ。

材料（縦17×横8×高さ6cmのパウンド型1台分）

アパレーユ (p.13参照)	200㎖
パプリカ (赤)	1/2個
にんじん	20g
薄力粉	150g
ベーキングパウダー	小さじ1
A 粗塩	小さじ1/2
パルミジャーノ・レッジャーノ (粉)	大さじ4
オリーブオイル	50㎖

作り方

1 薄力粉とベーキングパウダーを合わせて、ふるっておく。
2 パプリカは適当な大きさに切る。にんじんはひと口大に切り、かためにゆでる。
3 ミキサーに2とアパレーユを入れて、なめらかになるまで攪拌する。
4 ボウルに1を入れ、3を少しずつ加えて混ぜていく。Aを加え、最後にオリーブオイルを入れて混ぜる。
5 オーブンシートを敷いたパウンド型に流し入れ、型ごと10cmほど上に持ち上げて落とし、空気を抜く。
6 180℃に予熱したオーブンで25〜30分焼く。

CHAPTER 4

おつまみ＆
スイーツキッシュ

おかずだけでなく、おつまみやスイーツにも
キッシュは大活躍！ 市販のツナ缶やオイル
サーディンなどを使って手軽に作れるおつま
みキッシュ（p.70 〜 73）と、果物やナッツ、
チョコレートを使ったスイーツキッシュ（p.74
〜 79）を紹介します。おつまみキッシュはお
酒とも好相性で、前菜におすすめ。スイー
ツキッシュはデザートや子どものおやつにも
ぴったりです。

しらす＆レモン

オイルサーディン＆ガーリック

おつまみスクエアキッシュ4種　作り方は72〜73ページを参照

ツナ＆アンチョビ いか塩辛＆らっきょう

しらす＆レモン

しらすの塩けとフレッシュレモンの酸味で、味覚がキュンとくすぐられます。
白ワインを片手に、一杯やりたくなる味です！

材料（長径24.5×短径10×高さ2.5cmの長方形の型 1台分）

長方形の浅型パート（作り方はp.11〜12参照）
　── 1台。空焼きしておく
　┌ 食塩不使用バター 20g、薄力粉 30g、強力粉 25g、
　│ アーモンドプードル（皮つき）大さじ1/2、
　│ 甘酒 小さじ1/2、粗糖 小さじ1/2、粗塩 小さじ1/4弱（2g）、
　└ 水 35mℓ、炭酸水 8mℓ
アパレーユ（p.13参照）── 100〜120mℓ

かまあげしらす ── 65g
レモン（国産）── 1/3個
あめ色玉ねぎ（p.14参照）── 大さじ1
クリームチーズ（5mm角にちぎる）── 15g
モッツァレラチーズ（5mm角に切る）── 15g
パルミジャーノ・レッジャーノ（粉）── 小さじ1
食塩不使用バター ── 小さじ1/2
こしょう ── 少々

作り方

1　フライパンにバターを溶かし、しらすを炒めて水分を飛ばし、こしょうをふる。
2　レモンは皮をむいて2mm厚さのいちょう切りにする。
3　空焼きしたパートに、あめ色玉ねぎを敷き詰め、1と2を並べる。
4　クリームチーズとモッツァレラチーズをのせる。
　　アパレーユを流し入れ、パルミジャーノをふりかける。
5　180℃に予熱したオーブンで18〜20分焼く。全体にこんがりと焼き色がつき、
　　中心を押して弾力があれば焼き上がり。

おつまみキッシュは、長方形の浅型
で作るのがおすすめ

オイルサーディン＆ガーリック

丸ごと焼いたガーリックは、ホクホクと甘くて臭みゼロ！
脂ののったサーディンとからまって、焼酎や赤ワインがすすみそう。

材料（長径24.5×短径10×高さ2.5cmの長方形の型 1台分）

長方形の浅型パート（分量は上と同様。作り方はp.11〜12参照）
　── 1台。空焼きしておく
アパレーユ（p.13参照）── 100〜120mℓ
オイルサーディン ── 1缶（100g）
にんにく ── 2片

あめ色玉ねぎ（p.14参照）── 大さじ1
チェダーチーズ（5mm角に切る）── 10g
モッツァレラチーズ（5mm角に切る）── 10g
パルミジャーノ・レッジャーノ（粉）── 小さじ1
塩、こしょう ── 各少々

作り方

1　フライパンでオイルサーディンの両面を焼き、塩、こしょうをふる。
2　にんにくは皮つきのまま200℃に予熱したオーブンで20〜30分、中がやわらかくなるまで焼く（アルミホイルに包み、
　　オーブントースターで20分ほど焼いてもよい）。スプーンなどで中身をすくって取り出す。
3　空焼きしたパートに、あめ色玉ねぎを敷き詰め、1と2を並べる。
4　チェダーチーズとモッツァレラチーズをのせる。アパレーユを流し入れ、パルミジャーノをふりかける。
5　180℃に予熱したオーブンで18〜20分焼く。
　　全体にこんがりと焼き色がつき、中心を押して弾力があれば焼き上がり。

ツナ＆アンチョビ

うまみの強いツナからときおりのぞく、アンチョビの刺激。
のどごしを楽しみたいビールともぴったりです。

材料（長径24.5×短径10×高さ2.5cmの長方形の型 1台分）

長方形の浅型パート（分量はp.72、作り方はp.11〜12参照）
　　　── 1台。空焼きしておく
アパレーユ（p.13参照）── 100〜120㎖
ツナ（缶詰）── 1缶（60g）
アンチョビフィレ ── 2枚

あめ色玉ねぎ（p.14参照）── 大さじ1
クリームチーズ（5㎜角にちぎる）── 10g
チェダーチーズ（5㎜角に切る）── 10g
パルミジャーノ・レッジャーノ（粉）── 小さじ1
こしょう ── 少々

作り方

1　ツナは油をきる。アンチョビは粗く刻んでツナと混ぜ、こしょうをふる。
2　空焼きしたパートにあめ色玉ねぎを敷き詰め、**1**を入れる。
3　クリームチーズとチェダーチーズをのせる。
　　アパレーユを流し入れ、パルミジャーノをふりかける。
4　180℃に予熱したオーブンで18〜20分焼く。
　　全体にこんがりと焼き色がつき、中心を押して弾力があれば焼き上がり。

いか塩辛＆らっきょう

「これ、何が入っているの？」と聞かれること必至の、絶妙な組み合わせ。
さっぱりしたらっきょうとコクのある塩辛の味わいは、日本酒にも合います。

材料（長径24.5×短径10×高さ2.5cmの長方形の型 1台分）

長方形の浅型パート（分量はp.72、作り方はp.11〜12参照）
　　　── 1台。空焼きしておく
アパレーユ（p.13参照）── 100〜120㎖
いかの塩辛 ── 45g（洗うと35g）
らっきょうの甘酢漬け ── 5〜6粒（好みで）

あめ色玉ねぎ（p.14参照）── 大さじ1
クリームチーズ（5㎜角にちぎる）── 10g
チェダーチーズ（5㎜角に切る）── 10g
パルミジャーノ・レッジャーノ（粉）── 小さじ1
食塩不使用バター ── 小さじ1/2

作り方

1　いかの塩辛はざるに入れてさっと洗い、水けを取る。
　　らっきょうはみじん切りにして、ペーパータオルで汁けをふく。
2　小鍋にバターを溶かし、**1**のいかの塩辛をソテーする。
3　空焼きしたパートに、あめ色玉ねぎを敷き詰め、**1**のらっきょうと**2**を入れる。
4　クリームチーズとチェダーチーズをのせる。アパレーユを流し入れ、パルミジャーノをふりかける。
5　180℃に予熱したオーブンで18〜20分焼く。
　　全体にこんがりと焼き色がつき、中心を押して弾力があれば焼き上がり。

りんご & ナッツ

りんごをやわらかく煮て、香ばしいナッツと合わせます。
くたっとなったりんごがアパレーユと一体化して
アップルパイとはまた別の、やさしい味わいになります。

材料（直径18cm×高さ2.5cmの型 1台分）

直径18cmの浅型パート（分量はp.17、作り方はp.11〜12参照）———— 1台。空焼きしておく

アパレーユ（p.13参照）———— 100〜120ml

りんご（紅玉）———— 2個

A ┤ 粗糖 ———— 大さじ4
　　レモン汁 ———— 大さじ1
　　白ワイン ———— 大さじ½
　　シナモンパウダー ———— 適量

ミックスナッツ（無塩）———— 大さじ4

クリームチーズ（5mm角にちぎる）———— 20g

パルミジャーノ・レッジャーノ（粉）———— 小さじ1

はちみつ ———— 小さじ1

シナモンパウダー ———— 適量

作り方

1　りんごは8等分のくし形に切り、芯と皮を除く。

2　鍋に**1**と**A**を入れて煮る。水分がなくなり、りんごが透明になってやわらかくなったら火を止め（a）、
　　シナモンパウダー少々をふり冷ましておく。

3　アパレーユにはちみつを加えてよく混ぜる（b）。ナッツ類は粗く刻む。

4　空焼きしたパートに**2**を並べ、クリームチーズをのせる。
　　3のアパレーユを流し入れる。**3**のナッツを散らし、パルミジャーノをふりかける。

5　180℃に予熱したオーブンで18〜20分焼く。
　　全体にこんがりと焼き色がつき、中心を押して弾力があれば焼き上がり。
　　仕上げにシナモンパウダー少々をふる。

りんごは甘酸っぱい紅玉がおすすめ。焼きりんごにして入れ
てもおいしいが、煮るほうが簡単にできる。

POINT

スイーツ仕立てのキッシュは、アパレーユに少量のはちみつ
を混ぜて甘さとコクをプラスするのがコツ。

pommes et noix

Kaki et fromage frais

柿 & クリームチーズ

柿に火を通しバターで風味づけすると、とても濃厚な味わいになります。
おかずキッシュよりもクリームチーズをたっぷりと加えて
まろやかでゴージャスなスイーツに仕上げました。

材料（直径18cm×高さ2.5cmの型 1台分）

直径18cmの浅型パート（分量はp.17、作り方はp.11〜12参照）───── 1台。空焼きしておく
アパレーユ（p.13参照）───── 100〜120mℓ
種なし柿 ───── 大1個
A { 粗糖 ───── 50g
    レモン汁 ───── 小さじ1/2
クリームチーズ（5mm角にちぎる）───── 20g
パルミジャーノ・レッジャーノ（粉）───── 小さじ1
食塩不使用バター ───── 10g
はちみつ ───── 小さじ1

作り方

1　柿は皮をむいて8等分のくし形に切る。
　　鍋に柿とAを入れてふたをし、弱火で10分ほど蒸し煮にする（a）。

2　柿がやわらかくなったらバターを加え、汁けがなくなるまで焦がさないように煮る。

3　アパレーユにはちみつを加えてよく混ぜる。

4　空焼きしたパートに2を並べ、クリームチーズを散らす（b）。
　　3を流し入れ、パルミジャーノをふりかける。

5　180℃に予熱したオーブンで18〜20分焼く。
　　全体にこんがりと焼き色がつき、中心を押して弾力があれば焼き上がり。

柿の実のとろりとした食感を味わいたいので、余計な水分を
加えず柿の形が残るように煮るのがポイント。

濃厚な柿の甘みとクリームチーズの相性は抜群。柿のまわり
にたっぷりとのせる。

いちじく & ナッツ

いちじくの甘さを引き立てる、青かび入りのブルーチーズを合わせます。
ナッツも、1種類ではなく好みのものを何種類か入れて
個性の強い具材同士の競演で、食べごたえのあるスイーツに！

材料（直径18cm×高さ2.5cmの型 1台分）

直径18cmの浅型パート（分量はp.17、作り方はp.11～12参照）
　──1台。空焼きしておく
アパレーユ（p.13参照）──── 100～120㎖
乾燥いちじく（ソフトタイプ）──── 大4個

ミックスナッツ（無塩）──── 大さじ4
ブルーチーズ（5mm角に切る）──── 10g
パルミジャーノ・レッジャーノ（粉）──── 小さじ1
はちみつ──── 小さじ1

作り方

1　いちじくはひと口大に切る。ナッツ類は粗く刻む。

2　アパレーユにはちみつを加えてよく混ぜる。

3　空焼きしたパートに、**1**のいちじくとブルーチーズをのせる。
　2を流し入れ、**1**のナッツと、パルミジャーノをふりかける。

4　180℃に予熱したオーブンで18～20分焼く。
　全体にこんがりと焼き色がつき、中心を押して弾力があれば焼き上がり。

チョコ＆さつまいも

カカオバターの含有率が高く、お菓子のコーティングなどに使われる
クーベルチュールチョコレートを使います。
甘いさつまいもとビターなチョコで、大人スイーツなハーモニー！

材料（直径18cm×高さ2.5cmの型1台分）

直径18cmの浅型パート（分量はp.17、作り方はp.11〜12参照）
　——— 1台。空焼きしておく
アパレーユ（p.13参照）——— 50〜70mℓ
クーベルチュールチョコレート（ビター）——— 20g
さつまいも ——— 中1本（200g）

食塩不使用バター ——— 小さじ1
粗糖 ——— 大さじ2
クリームチーズ（5mm角にちぎる）——— 15g
パルミジャーノ・レッジャーノ（粉）——— 小さじ1
はちみつ ——— 小さじ1

作り方

1　チョコレートは大きなものはひと口大に切る。

2　さつまいもは皮ごと15〜20分蒸す。熱いうちに皮を除いてマッシャーでつぶし、バターと粗糖を加えてよく混ぜる。

3　アパレーユにはちみつを加えてよく混ぜる。

4　空焼きしたパートに、**2**を敷き詰める。
　クリームチーズをのせ、**3**を流し入れる。パルミジャーノをふりかけ、**1**を散らす。

5　180℃に予熱したオーブンで18〜20分焼く。
　全体にこんがりと焼き色がつき、中心を押して弾力があれば焼き上がり。

pate pate（パータパテ）

嶋崎聖子（しまざき・きよこ）& 嶋崎裕巳（しまざき・ひろみ）

キッシュを研究する娘・聖子さんと母・裕巳さんのユニット。フランス人の友人からキッシュを教わったことをきっかけに、日本人向けのよりあっさりしたキッシュを作りたいと試行錯誤しながら研究。葛飾区金町で2009年7月から2011年5月までキッシュ専門のカフェを開き、平飼い卵や手作りベーコン、地元産の季節の野菜をたっぷり使ったキッシュを製作・販売。震災後、建物の取り壊しにより、惜しまれつつ閉店。現在は、関東近郊のイベントに出展するなど活動を続ける。「店がなくなったからこそまた食べたい」「レシピを知りたい」という声に応えて本書を出版。

フェイスブック
https://www.facebook.com/Pate-pate-771594526208532/

装丁・デザイン／ TUESDAY（戸川知啓＋戸川知代）
編集／篠原麻子
撮影／福尾美雪
スタイリング／駒井京子
撮影アシスタント／金田なお子
校正／安久都淳子
DTP 製作／天龍社

撮影協力
○ UTUWA
TEL 03-6447-0070
○ AWABEES
TEL 03-5786-1600
○ TITLES
TEL 03-6434-0616

さっくり軽いキッシュ

2016年4月1日　第1版発行

著　者　　嶋崎聖子　嶋崎裕巳
発行者　　髙杉 昇
発行所　　一般社団法人 家の光協会
　　　　　〒162-8448　東京都新宿区市谷船河原町11
　　　　　電話　03-3266-9029（販売）
　　　　　　　　03-3266-9028（編集）
　　　　　振替　00150-1-4724
印刷・製本　図書印刷株式会社